AF563437

# EDICT DV ROY,



PORTANT CREATION d'vn Office de Lieutenant, d'vn premier Esleu Assesseur, deux Controolleurs Esleuz, d'vn Maistre Clerc, d'vn garde du petit Seel, & d'vn Aduocat de sa Majesté en chacune des Eslections de Guyenne.

*Verifié en la Chambre des Comptes le sixiesme Mars 1626.*

A PARIS,
Chez C. MOREL, P. METTAYER, & A. ESTIENE, Imprimeurs ordinaires du Roy.

M. DCXXVI.

*Auec Priuilege de sa Majesté.*

LOVIS par la grace de Dieu, Roy de France & de Nauarre, à tous presens & à venir, Salut. L'entretenemẽt des armees que nous tenons en diuerses Prouinces de nostre Royaume, & principalement en Guyenne, Languedoc & Poictou pour reduire nos sujets rebelles de la Religion pretenduë reformee en leur deuoir, les empescher d'entreprendre sur nos villes & places fortes desdites Prouinces, & d'opprimer & trauailler nos bons sujets desdits lieux, Nous obligeans à des despenses si excessiues & continuelles, qu'il nous est impossible de les supporter plus longuemẽt si nous ne sõmes assistez par moyens extraordinaires & prompts : Nous auons consideré que nous pourrions tirer vne notable somme de deniers en mettant aux nouuelles Eslections creées en nostredite Prouince de Guyenne par nostre Edict du mois de Iuin mil six cens vingt-deux, les mesmes offices qui sont és autres Eslections de ce Royaume, obmis par ledit Edict, desquels toutesfois l'exercice & fonctiō est vtile pour nostre seruice & au public : Et attribuant à aucuns de ceux qui sont establis par ledit Edict, les mesmes droicts par nous attribuez à pareils offices des autres Eslections, & adioustant aux Eslectiōs de Bordeaux & Perigueux aucuns desdits offices, Et que ce moyen est beaucoup plus facile & aisé à supporter par ladite Prouince, que si nous faisions leuer en l'annee prochaine sur nos sujets contribuables aux Tailles, la somme que nous en esperons, & sans laquelle nos affaires ne peuuēt auoir le secours qui leur est necessaire. SÇAVOIR faisons que l'affaire mise en deliberation en noſtre Cõſeil d'Eſtat, où eſtoient la Royne noſtre treshonoree Dame & Mere, aucuns Princes de noſtre ſang, autres Princes & Officiers de noſtre Courõne, & autres grãds & notables perſonnages de noſtre Cõſeil : De leur aduis & de noſtre certaine ſcience, pleine puiſſance & authorité Royale, Nous auons par le preſent Edict perpetuel & irreuocable, creé & erigé, creons & erigeons en chef & titre d'office formé en chacune deſdites Eſlections nouuelles de Condommois & Bazadois, Armaignac, Agenois, les Lannes, Cõmenge, Riuiere, Verdun, Quercy, Roüergue, Loumaigne, & Aſtarat, declarees & créees par noſtre Edict du mois de Iuin mil ſix cens vingt-deux, vn office de noſtre Cõſeiller & Lieutenant, vn office de Conſeiller & premier Eſleu Aſſeſſeur, & deux offices de nos Conſeillers & Controolleurs Eſleuz,

Vn office de noſtre Conſeiller & Aduocat: pour auſdits offices y eſtre dés à preſent par nous pourueu de perſõnes capables, & cy apres lors que vacation y eſcherra par mort, forfaictu- re ou reſignation, à chacun deſquels offices de Lieutenant Eſleu & Controolleurs Eſleus, Nous auons attribué quatre cens liures de gages, cinquante liures de taxations ordinaires, & ſoixante & quinze liures de droicts de cheuauchees, Et à noſtredit Aduocat cent liures de gages, & quarante liures de taxations, le tout par chacun an, à prendre ſur les deniers de receptes deſdites Eſlections par les mains des Receueurs des Tailles, & en eſtre payez aux quatre quartiers de l'annee accouſtumez: Comme auſſi attribuõs auſdits offices pareils droits de ſignatures de roolles que ceux dont iouïſſent les Preſidens & Eſleuz deſdites Eſlections en vertu de noſtredit Edict

& Arreſt de noſtre Conſeil donné en conſequence d'iceluy du vingt-vnieſme Aouſt mil ſix cens vingt-quatre. VOVLONS & entendons que pour le bien de noſtre ſeruice & obſeruation de nos Ordonnances, leſdits deux Controolleurs Eſleus tiennent le cõtroolle & bordereau de la recepte de noſdits deniers, chacun vne annee en trois, que l'autre Controolleur Eſleu cy deuãt creé exerce ledit Controolle la troiſiéme deſdites annees: qu'ils cõtinuerõt ſubſecutiuemẽt ledit exercice l'vn apres l'autre, & iouïſſẽt en l'annee de leur exercice ſeulement de pareils droits de Bordereau que les autres Controlleurs Eſleuz des Eſlectiõs du reſſort de noſtre Cour des Aydes de Paris qui eſt deux ſols par quartier par chacune paroiſſe pour les deniers qui ſe leuẽt en vertu de nos lettres de Cõmiſſiõ du principal de la Taille, Taillon & creuës y iointes, & pareil droict par quartier pour les deniers de la grãde creuë extraordinaire, & autres creuës cõprises en nos lettres de commissiõ de ladite creuë: Et pour les autres extraordinaires qui arriueront au courant des annees, & se leueront en l'estẽdue desdites Eslections, en vertu de nos lettres de cõmission emanees de nostre grand scel, des deniers desquelles nosdits Receueurs des Tailles feront recepte, lesdits Controolleurs ioüiront dudit droict de deux sols par quartier, à raison de chacune des lettres de commission que nous accorderons pour lesdites leuees, encores qu'il y eust plusieurs creües particulieres, & pour diuers effects employees en icelles, Et pour les quartiers esquels lesdites creües serõt seulement payables, encores que lesdits Receueurs expedient plus d'vne quittance par quartier pour les deniers contenus en vne commission, auec lesquels lesdits droicts

droicts de Bordereau seront leuez, Tous lesquels Offices presentement creez seront tenus & possedez aux mesmes honneurs, priuileges, exemptions, franchises & libertez, pouuoir, auctoritez, facultez & fonctions octroyees aux autres Offices desdites nouuelles Eslections, par nostredit Edict du mois de Iuin. Auons en outre par ledit present Edict & de nos pouuoir, authorité que dessus, creé & erigé, creons & erigeons en tiltre d'office hereditaire vn Maistre Clerc en chacun Greffe ancien, tant desdites Eslections nouuelles que des Eslections anciennes de Bordeaux & Perigueux obmis lors de la creation dudit Office de Greffier: Ensemble vn garde du petit seel pour chacune desdites Eslections, tant anciennes que nouuelles, ausquels offices nous auōs attribué & attribuons, sçauoir audit Maistre Clerc, deux deniers tournois pour liure, Et audit garde seel quatre deniers tournois pour liure : Auons pareillement attribué & attribuons à l'office de Greffier ancien de toutes lesdites Eslections de nostredite Prouince de Guyenne six deniers tournois pour liure, à la charge de se demettre de deux deniers tournois au profit des deux Greffiers alternatif & triennal nagueres creez esdites Eslections, pour auec trois deniers tournois pour liure dont ils ioüissent, faire iusques à quatre deniers, afin que chacun Greffier ait pareil droict de quatre deniers pour liure que l'autre : Et à la charge de rembourser dans deux mois par les acquereurs desdits Greffes alternatifs & triannaux, les anciens chacun d'vn sixiesme qui est vn tiers pour les deux de la finance que lesdits anciens payerõt pour l'attribution desdits six deniers, à compter lesdits deux mois du iour qu'ils leur auront offert où faict offrir la remise desdits deux deniers à leur profit: Et à faute de ce faire en demeureront deschous. Tous lesdits droicts à prendre par chacun des acquereurs desdits offices & leurs ayans cause, à raison des deniers qui s'imposeront & leueront par chacune annee sur les contribuables à nos Tailles desdites Eslections en vertu de nos lettres de Commission & des Roys nos successeurs, pour quelque cause que ce soit: Et iceux receuoir par les mains des Collecteurs desdites Tailles ou autres ainsi qu'ils aduiseront: Et afin que nosdits sujets ne soient enticrement surchargez desdits droicts, Nous diminuons sur ce qui reuient à nostre Espargne des deniers ordinaires de nos Tailles & creuës pareille somme que celle à laquelle reuiẽnent lesdits droicts pour lesdits deniers du principal de la Taille, Taillon, creuës y iointes, & grande creuë extraordinaire, & autres creües qui se leuent par chacun an comprises és commissions de ladite Taille & grande creüe. VOVLONS aussi que lesdits Gardes du petit scel esdites Eslections iouïssent de deux sols pour chacun roolle d'assiette où ils apposeront nostredit seel, & exercent leurs charges en la mesme forme & maniere qu'il est porté par nostredit Edict du mois de Mars mil six cens dix-huict, dont coppie est cy attachee souz le contre-scel de nostre Chancellerie, à la vente & establissement desquels Offices hereditaires sera procedé par les Commissaires à ce par nous deputez au plus offrant & dernier encherisseur, par simples encheres, tiercemens & doublemens, souz la condition & faculté de rachapt perpetuel: Et seront les acquereurs mis en possession & iouissance desdits offices, en vertu des actes d'adiudication , quittances de payement du prix d'icelles, & des lettres de prouision que nous accorderons ausdits acquereurs: Avons aussi creé des mesmes pouuoir & authorité que dessus en chacune desdites Eslections de Bordeaux & Perigueux, vn nostre Conseiller & Aduocat auec cent liures de gages par an, quarante liures de taxations, & pareils droicts de signatures de roolles que ceux dõt ioüissent les Esleuz desdites Eslectiõs, & aux mesmes priuileges, franchises, exẽptions, libertez & fonctiõs cy dessus declarees & attribuees aux mesmes offices des autres Eslections, pour y estre dés à present par nous pourueu, & cy apres quand vacation y escherra par mort, forfaicture ou resignation : & moyennant les creations d'offices portees par le present Edict, ne sera d'oresnauãt pour quelque cause que ce soit faict aucuns eſtabliſſemens en noſtredite Prouince, d'autres Eſlections, ains le nombre y eſtably demeurera ſans pouuoir eſtre augmenté. SI DONNONS EN MANDEMENT à nos amez & feaux Conſeillers les gens de nos Comptes à Paris, Preſidens, Treſoriers de France & Generaux de nos finances à Bordeaux, que chacun endroit ſoy, & comme à eux appartiendra, ils facent lire, publier & regiſtrer noſtre preſent Edict, & le contenu en iceluy, garder & obſeruer & entretenir ſelon ſa forme & teneur, ſans permettre qu'il y ſoit contreuenu en quelque ſorte que ce ſoit, nonobſtant oppoſitions ou appellations quelsconques, pour leſquelles & ſans preiudice d'icelles ne voulons eſtre differé, & dont ſi aucunes interuiennent, nous auons retenu & reſerué la cognoiſſance à nous & à noſtre Conſeil, & icelle interdicte & defendue à toutes Cours & autres Iuges quelsconques: Car tel est nostre plaisir, & afin que ce soit chose ferme & stable à tousiours, nous auons faict mettre nostre seel à cesdites presentes.

DONNE' à sainct Germain en Laye au mois de Nouembre, l'an de grace mil six cens vingt-cinq: Et de nostre regne le seiziesme.

Signé, LOVIS.

Et plus bas, Par le Roy,

PHELIPPEAVX. Et à costé, VISA.

Et seellé du grand seau de cire verte en lacs de soye rouge & vert.

Et plus bas est encore escrit,

*Leu, publié & registré en la Chambre des Comptes, Ouy le Procureur General du Roy, par le commandement de sa Majesté, porté par Monseigneur son frere venu exprés en ladite Chambre, assisté des Sieurs Dornano Mareschal de France, De Champigny, & de*

*Leon, Conseillers en ses Conseils d'Estat & Priué, le sixiesme Mars mil six cens vingt-six.*

*Signé,* *BOVRLON.*



Collationné à l'original, par moy Conseil-ler, Notaire & Secretaire du Roy.

www.ingramcontent.com/pod-product-compliance
Lightning Source LLC
LaVergne TN
LVHW010345230826
846091LV00009B/4042

* 9 7 8 2 3 2 9 3 3 6 9 4 7 *